ABER WENN ES DANN EINMAL LÄCHELT …

Lucy Scott

Die illustrierte Wahrheit über das erste Jahr mit meinem Baby

riva

Bibliografische Information der Deutschen Nationalbibliothek:
Die Deutsche Nationalbibliothek verzeichnet diese Publikation in der Deutschen Nationalbibliografie. Detaillierte bibliografische Daten sind im Internet über http://dnb.d-nb.de abrufbar.

Für Fragen und Anregungen:
info@rivaverlag.de

Nymphenburger Straße 86
D-80636 München
Tel.: 089 651285-0
Fax: 089 652096

Umschlaggestaltung: Karen Schmidt in Anlehnung an Sarah Pierson
Umschlagabbildung: Lucy Scott
Satz: Georg Stadler, München
Druck: Graspo CZ, Tschechische Republik
Printed in the EU

ISBN Print 978-3-86883-823-7
ISBN E-Book (PDF) 978-3-95971-118-0
ISBN E-Book (EPUB, Mobi) 978-3-95971-119-7

VORWORT

IM JULI 2012, habe ich ein kleines entzückendes Mädchen zur Welt gebracht, das wir Lois nannten. Für mich war die Lernkurve der Mutterschaft irrsinnig steil, zusätzlich erschwert durch Schmerzen – ähm – an privaten Stellen, ein Auf und Ab der Hormone und eine Müdigkeit, an der normalerweise nur chronisch Schlaflose leiden.

Für diejenigen unter Ihnen, die ihr Baby allein oder überwiegend allein großziehen oder die mehr als ein Kind haben, stehe ich kerzengrade und salutiere – oder verbeuge mich so tief, wie mein Bauch es eben erlaubt, was auch immer Ihnen lieber ist. Sogar mit einem großartigen Kerl an meiner Seite, der sich sehr in die Erziehung einbringt, kann mich mein hübsches, wundervolles Baby in die Knie zwingen.

Ich wusste, dass es ein Vollzeitjob für die Ewigkeit werden würde, aber ich war nicht darauf vorbereitet, dass im ganzen darauffolgenden Jahr warmes Essen zum Luxus, der Gang zur Toilette eine Mission und das Erreichen eines sozialverträglichen Hygiene-Standards zur absoluten Challenge werden würde.

Um meine Erkenntnisse für die Ewigkeit festzuhalten, begann ich zu zeichnen. Und so entstand *Aber wenn es dann einmal lächelt …*

Nun ist mein Baby fast zwei Jahre alt und ich erinnere mich nur noch schemenhaft an eine Welt vor fleckigen Teppichen, eine Welt, in der ich jeden Tag Make-up trug, mein Haar geföhnt habe, hübsche Fingernägel hatte und eine Handtasche trug, die nicht mit zermatschten Bananen und Rosinen gefüllt war.

Aber es ist unmöglich, zu murren, weil ich doch irgendwie daran Anteil hatte, die wundervollste kleine Person zu erschaffen, die ich mir nur vorstellen kann: ein lebhaftes kleines Mädchen mit eigenem Charakter, Humor und Güte. Wer würde das schon gegen hübsche Nägel eintauschen?!

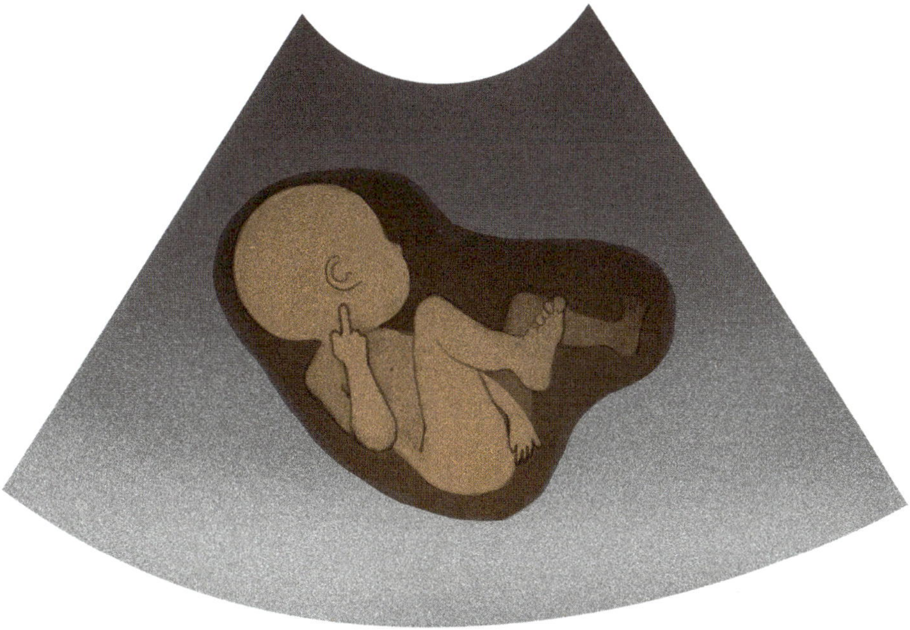

Ultraschall zur Bestimmung des Geschlechts.

Die Geburt!

Mein wunderschönes Baby.

Empfehlung: Wickeln Sie niemals ein nacktes Baby in ein Familienerbstück.

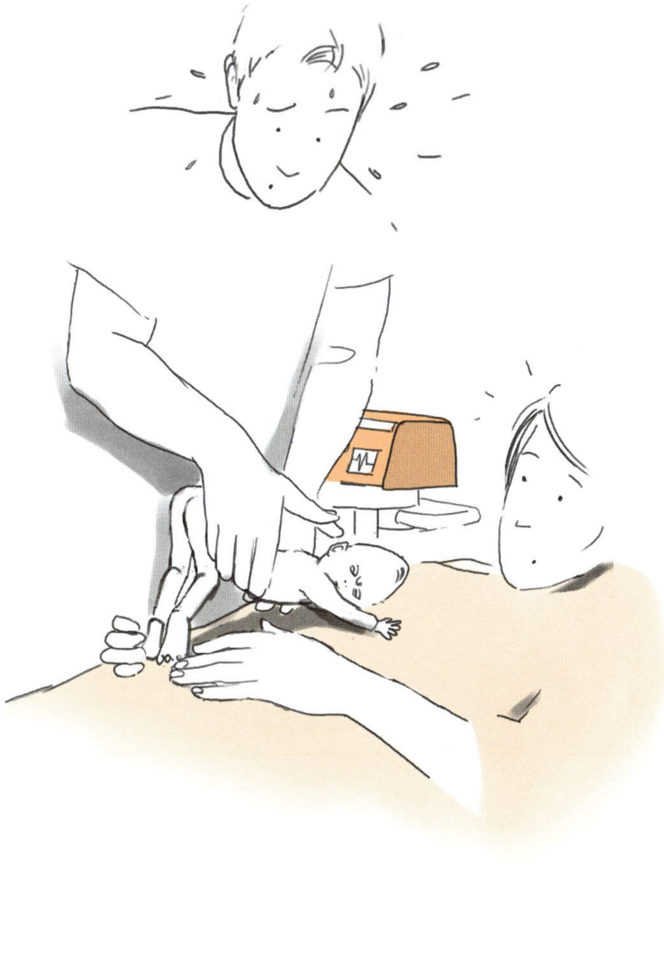

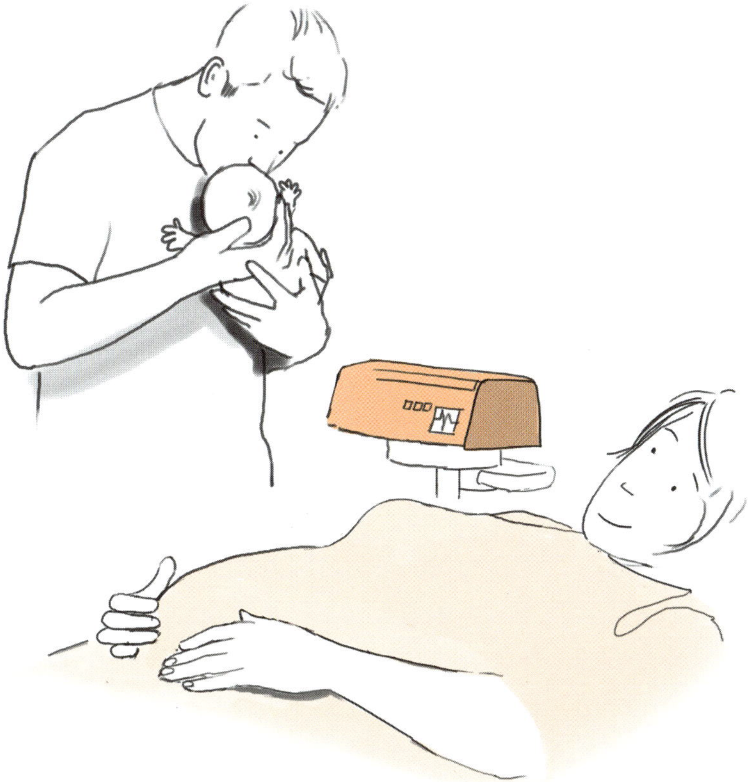

Wir lieben dich wirklich sehr, aber deine Nabelschnur stinkt!

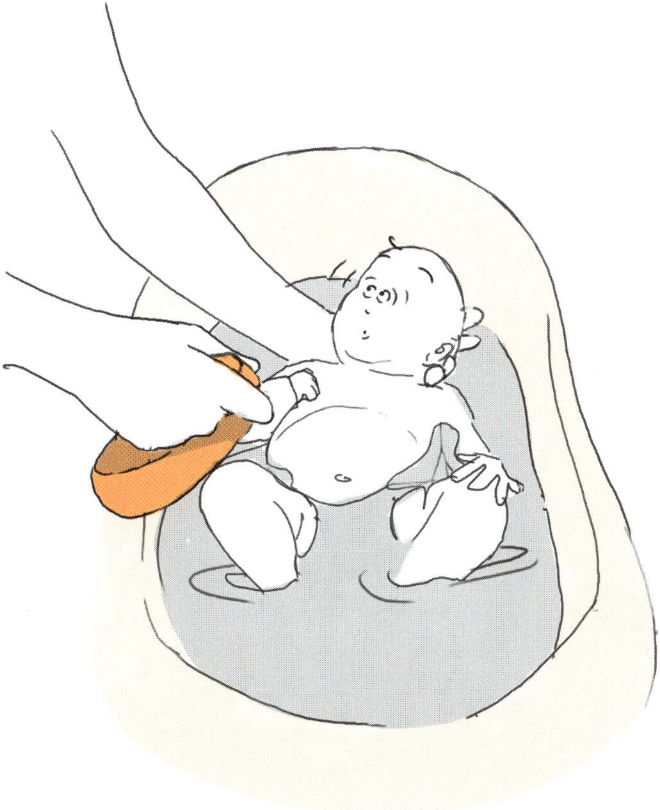

Wenn du mich jetzt loslässt, werde ich dir das niemals verzeihen.

Wirkliche Qualen.

Kleine Siege!

Das erste Mal essen gehen.

KOPER

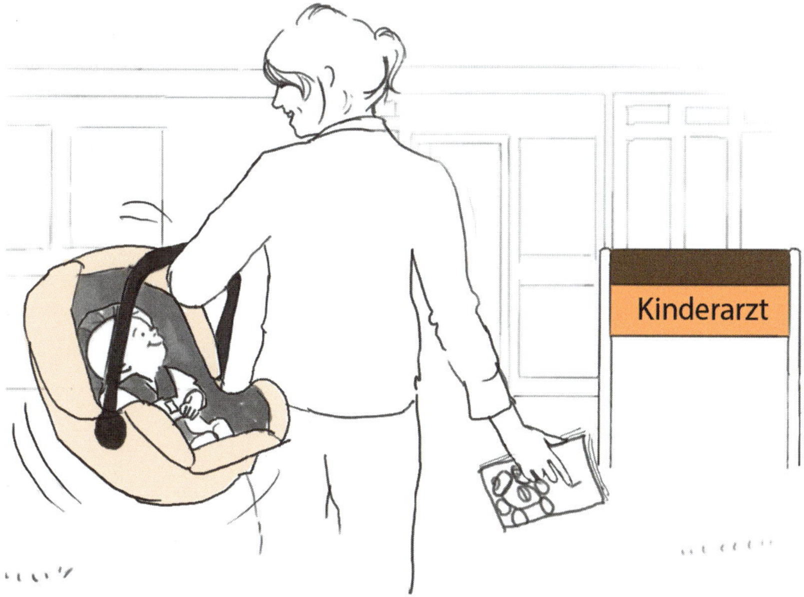

Der erste Besuch beim Kinderarzt … la la la.

Aaaggghhhhhhh!

Freitagabende sind einfach nicht mehr dieselben.

Schlaftraining: Einsatz eines Kuscheltiers.

Ein Stück selbst gemachte Torte?
Hängt da Toilettenpapier aus
Ihrer Hose?

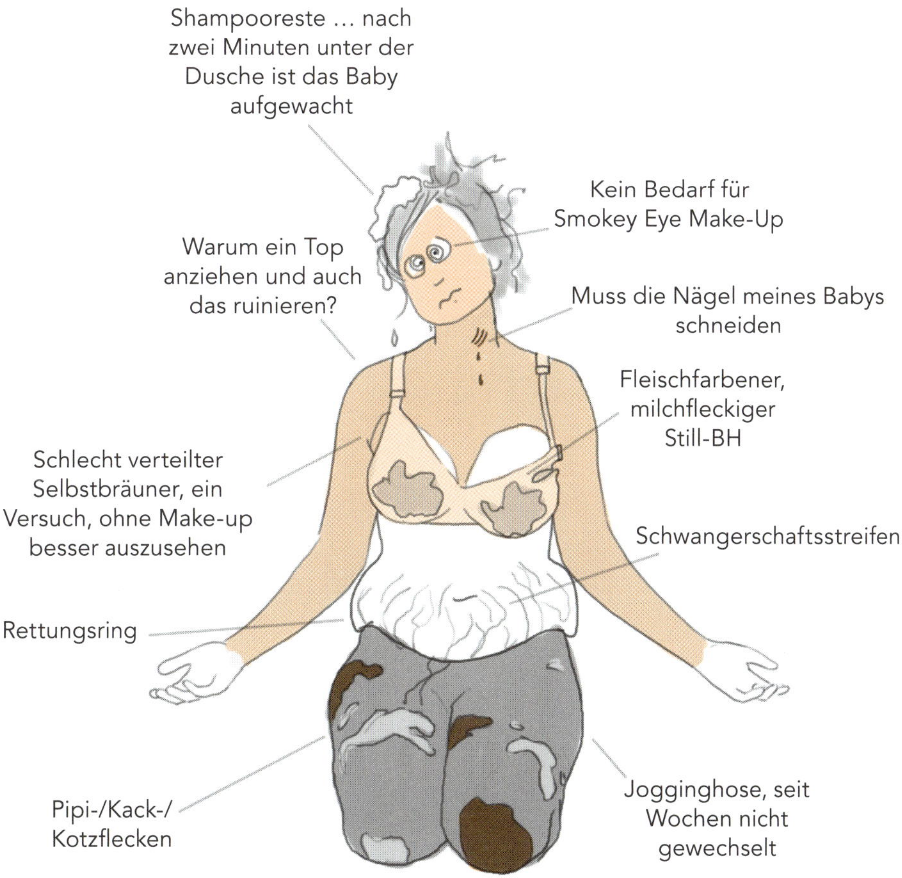

Ein Baby zu haben, macht keinen anderen Menschen aus dir.

Neue Schuhe.

Unter einem schlafenden Baby in einem dunklen Raum gefangen zu sein, schafft ungeahnte Möglichkeiten.

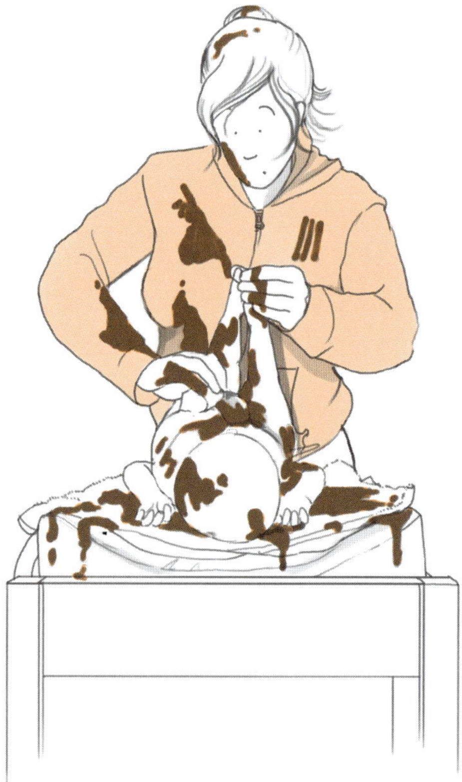

Wirklich außergewöhnliches Windelwechseln.

Spontane Unternehmung: Ungefähr 45 Minuten, um das Haus zu verlassen.

Ein Schrein, den Feuchttüchern gewidmet.

Volltreffer!

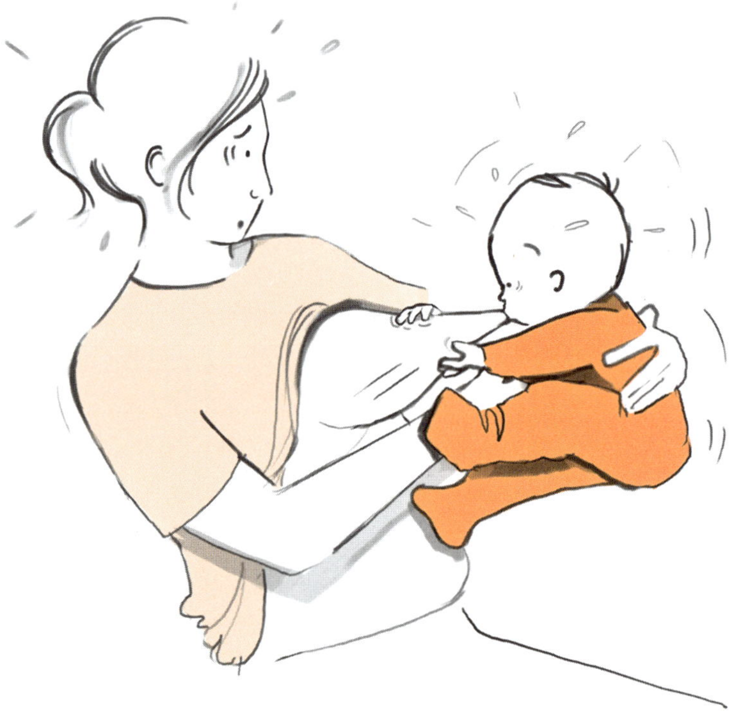

Schlaftraining: Wenn das Baby eindöst, vorsichtig von der Brust nehmen.

Anmerkung: Vor dem Stillen keinen Selbstbräuner auftragen.

Zeit für ein Nickerchen.

Gibt es eigentlich so was wie Mütter-Windeln?

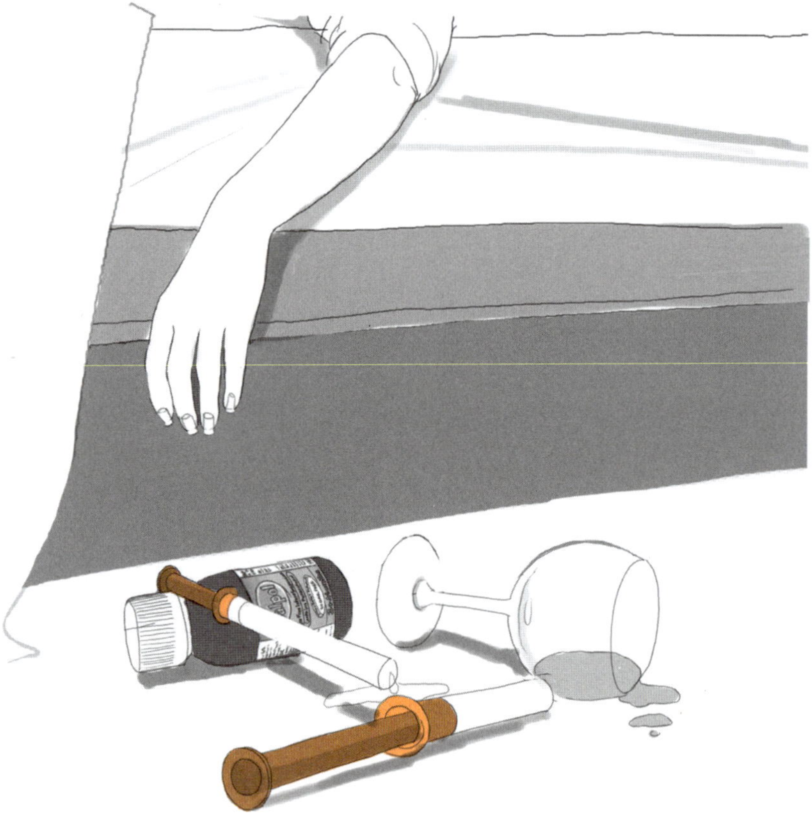

Harte Nacht.

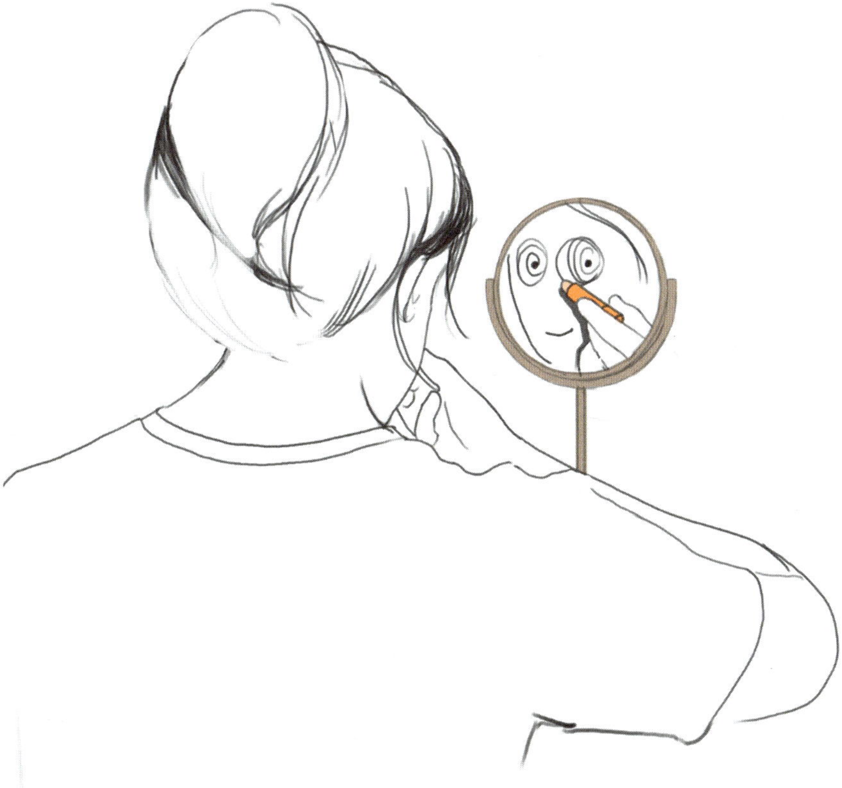

Das verlangt nach ein wenig zu viel Concealer!

Was?! WIE?!

Nach einem ungewöhnlich entspannenden Bad …

Waahh

Manchmal glaube ich, du liebst dein Baby mehr als mich.

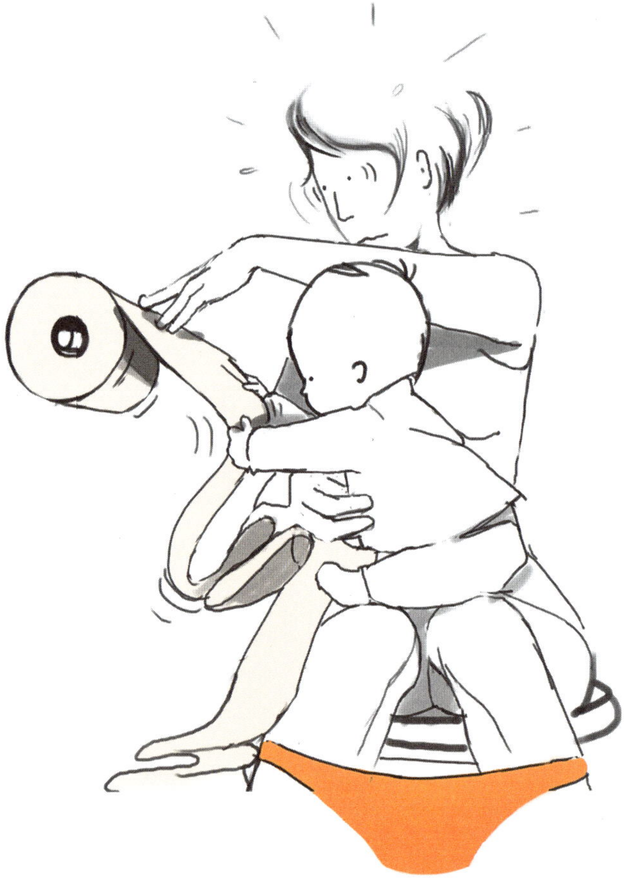

Bällebad-Bazillen.

Das wird klappen.

Komm rein und nimm auf meiner herrlichen Couch Platz.

Forensischer Blick auf die Couch: Rotz, Urin, Kacke und Erbrochenes.

Rassel-Übergriff auf dem Spielplatz.

Okay, für dich ist alles gepackt.
Ich werde nur Unterwäsche zum Wechseln mitnehmen.

Bitte, mein Schatz, ich gebe dir das Auto, das Haus, alles,
aber hör bitte auf zu schreien.

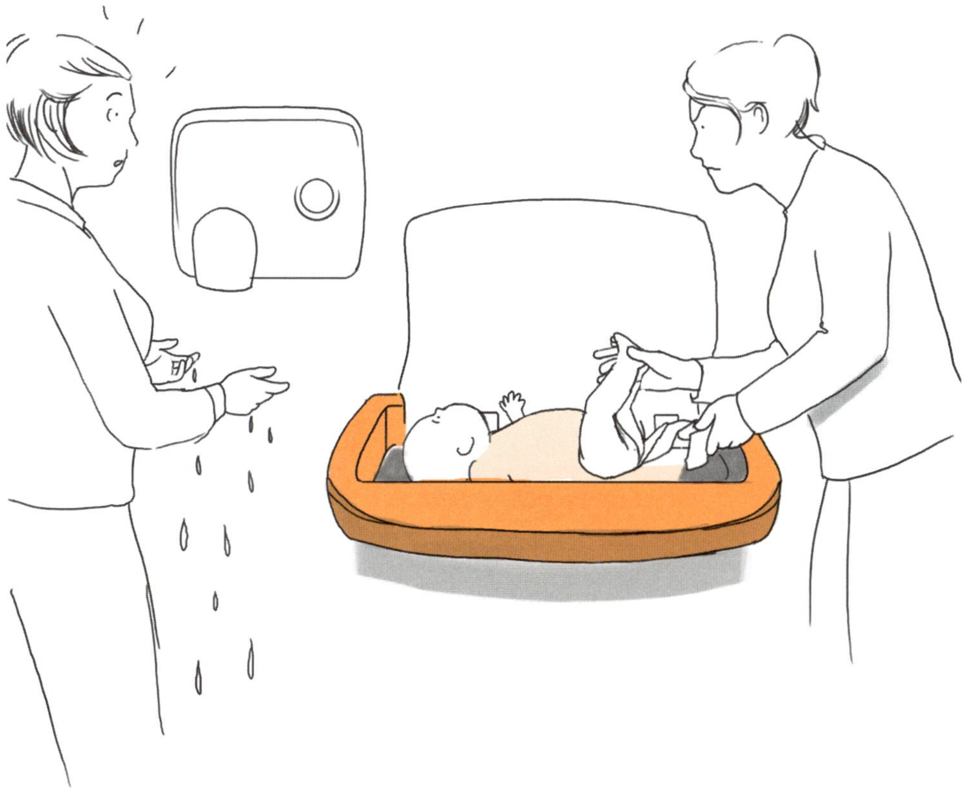

Wenn ein Blick sagen könnte:
„Mach das Ding an und ich werde dich töten“.

Erste Impfung.

Der Hase hat angefangen.

Musselin? Wofür könnte ich das nur gebrauchen?

Vier Monate später …

Neeeeeeeein! Ich habe die Spucktücher vergessen!

Die große „Sophie-die-Giraffe"-Keim-Lotterie.

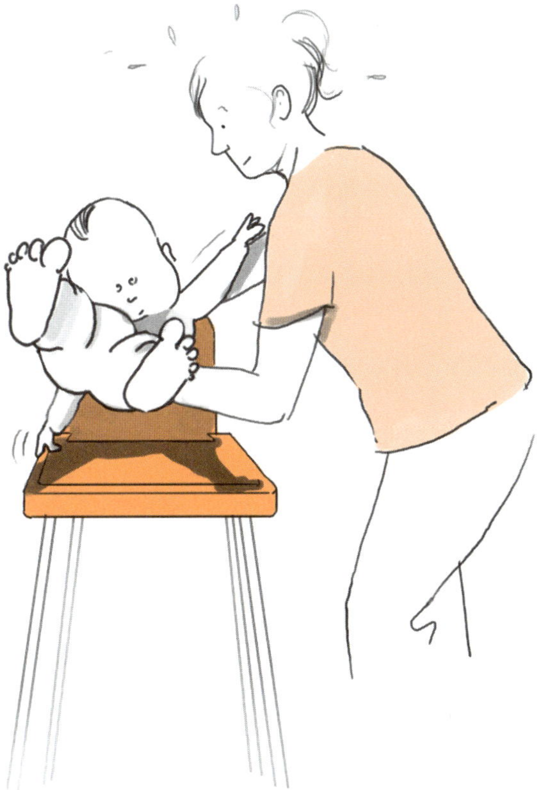

Hochstuhlgymnastik.

Wie kann es sein, dass deine Bauchmuskeln das können?!

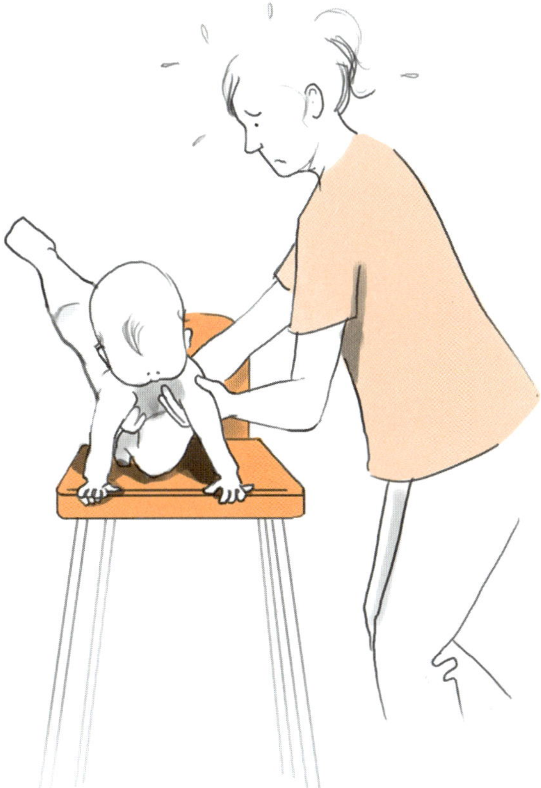

Oje!

Stecken Sie ein Ende in die Nase des Babys und dann tun Sie WAS?!?!

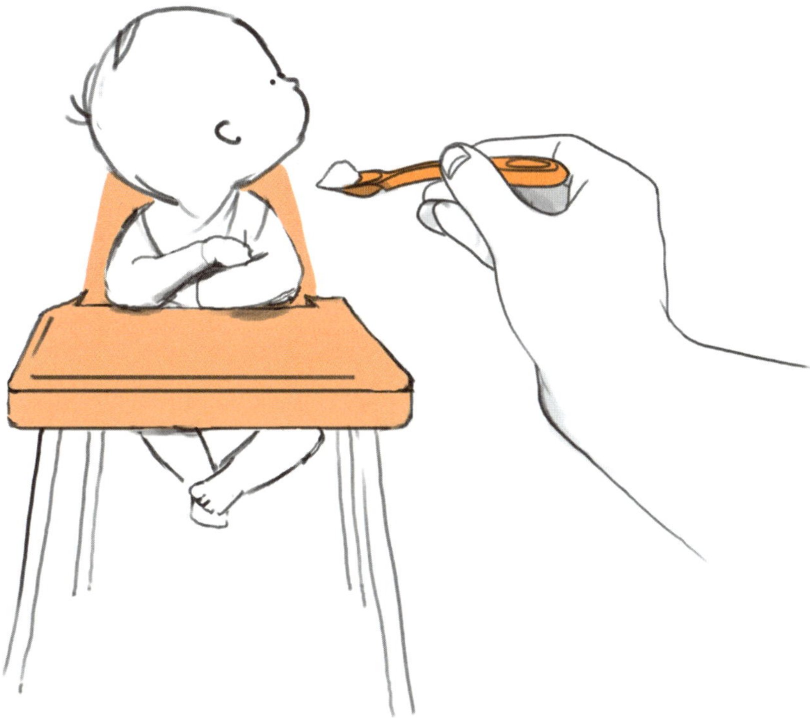

NEIN!

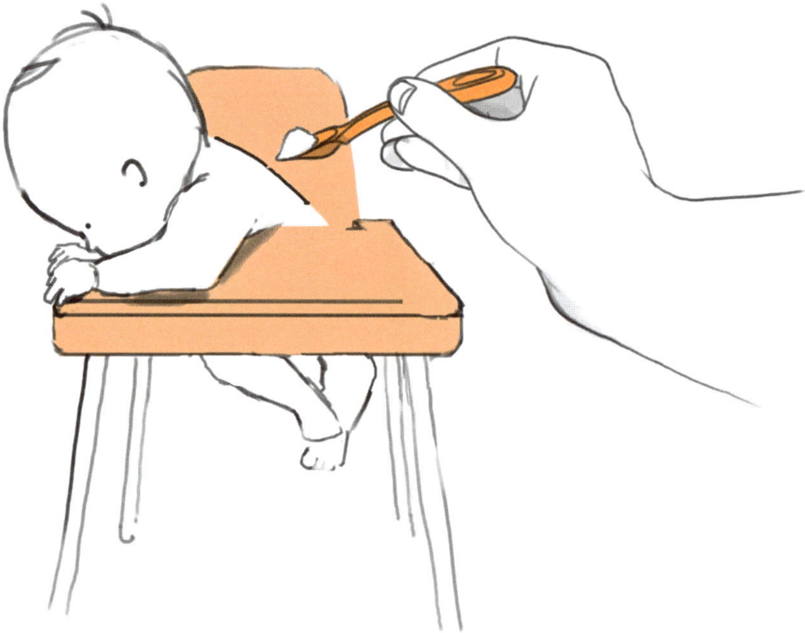

Ich habe NEIN gesagt!

Ah, Banane, das hättest du ja gleich sagen können.

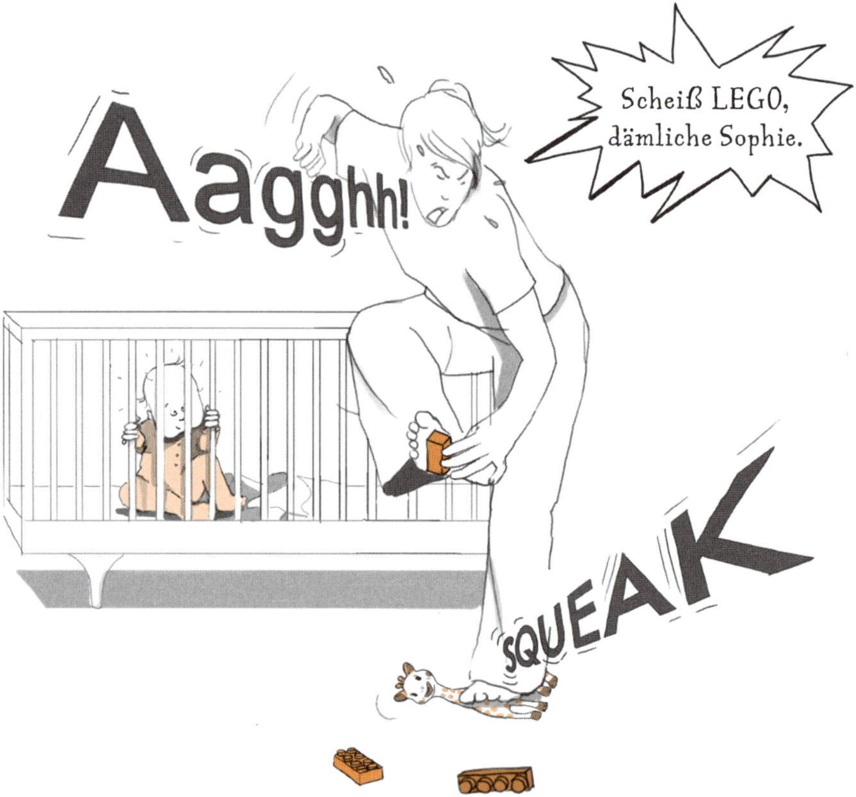

Der Versuch, das Zimmer leise zu verlassen.

Sich sexy fühlen.

In Liebe, Oma.

Warte …

Wie ich es mir gedacht habe … nein.

Ringe nicht mit einem Baby, du wirst verlieren.

Der Zwei-Finger-in-der-Nase-Takedown.

Wie früh ist zu früh?

Neue Freunde.

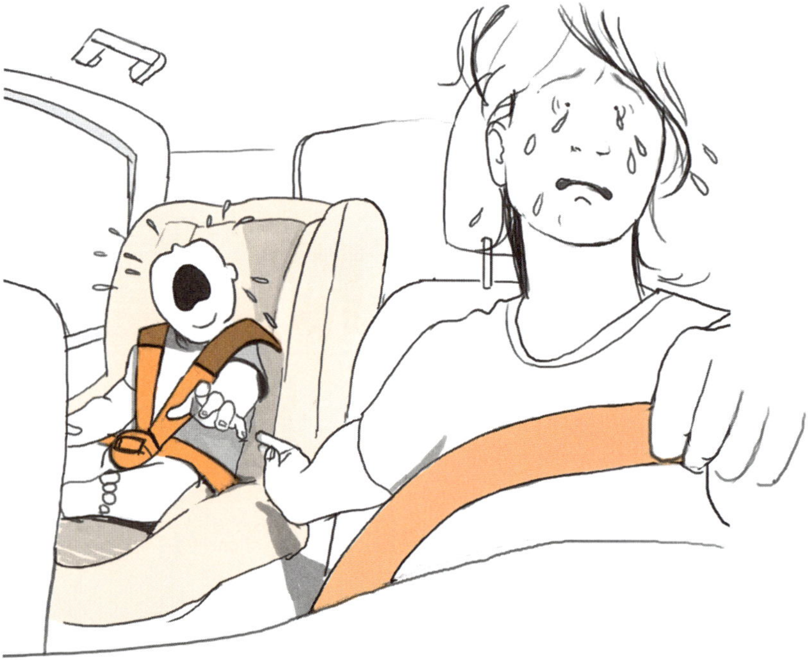

Die Freude langer Autofahrten.

Geschenke auspacken: Es ist wirklich so.

Genug der Albernheiten, Mama … gib mir einfach DEIN Handy.

Treppengitter: Wie man eine Mutter an den Rand des Wahnsinns treibt.

Alles, was ich sehen kann, sind ZÄHNE!

Zeit ohne Windel = Bremsstreifen-Roulette

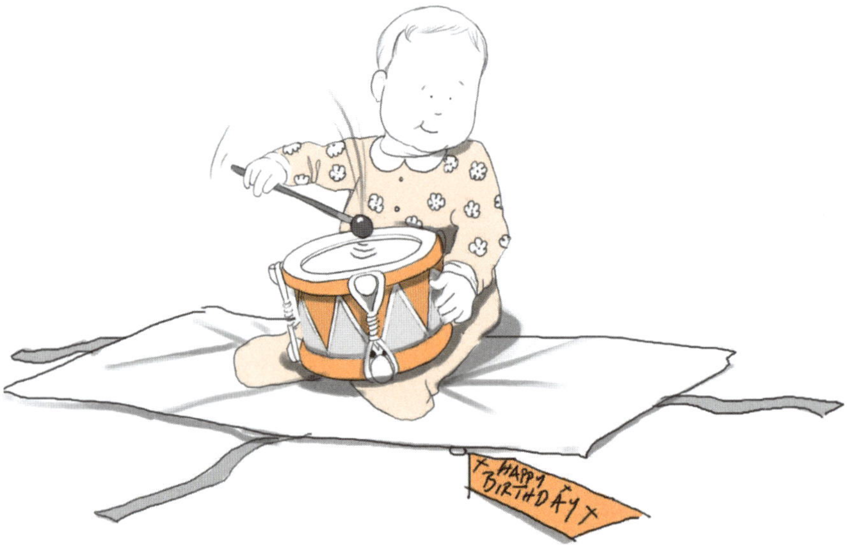

Oh, du hast ihr eine Trommel gekauft … super …

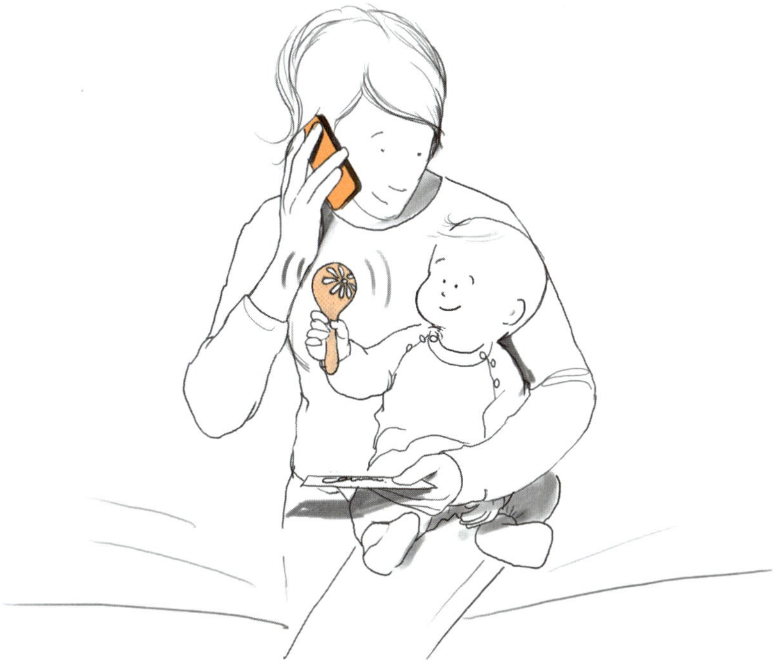

Wir würden so gerne kommen, aber unserem Baby geht es nicht gut …

Wie man eine Bar leert.

Wie man ein Restaurant um seinen Ruf bringt.

Mein Wohnzimmer um 7 Uhr morgens.

7:12 Uhr … jemand ist wach!

Gesundheit und Sicherheit.

Sooooo müde.

Texten, um Mittagessen zu bestellen.

Feste Nahrung: Oh mein Gott!

Bei wirklich jedem Ausflug nach draußen:

Okay, wo sind deine ____________________?
(Zutreffendes bitte eintragen)

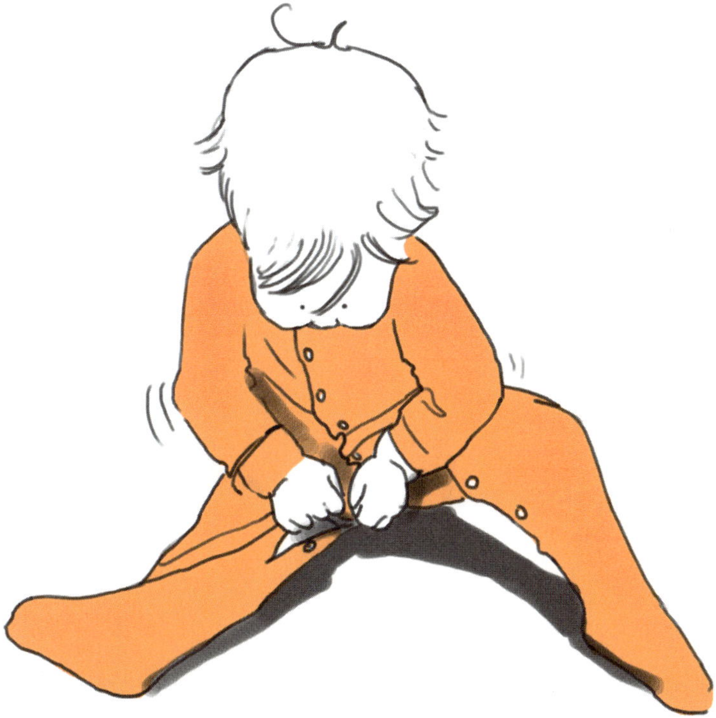

Hmmmm, Druckknöpfe.

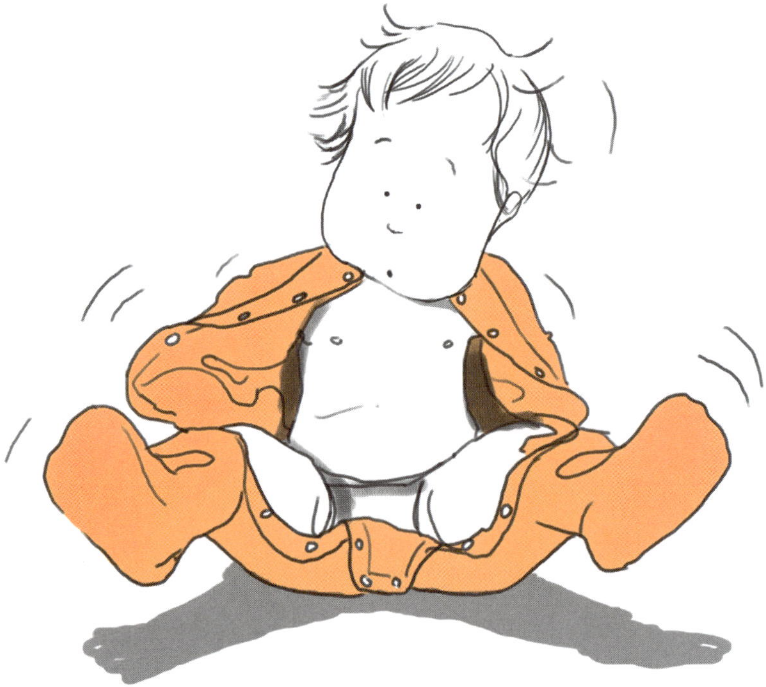

Superbaby!

Was?

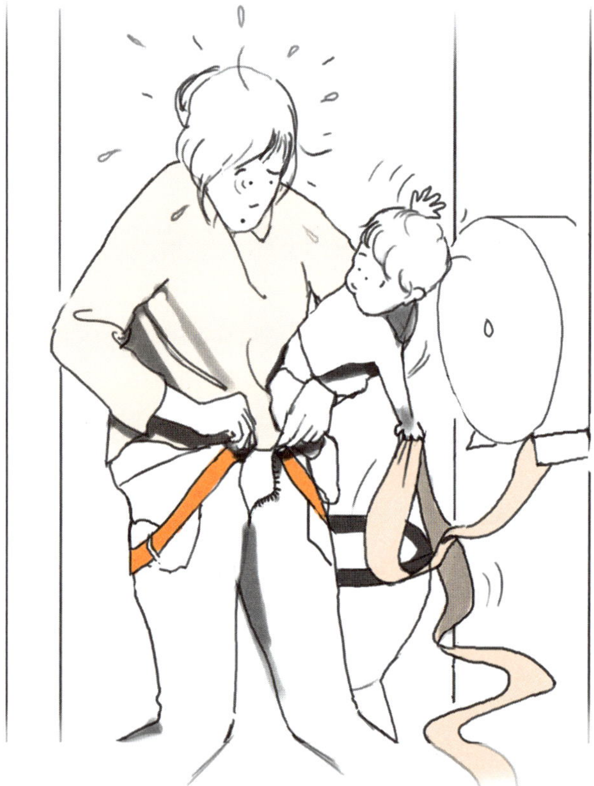

Öffentliche Toiletten, hautenge Jeans und ein Baby
sind eine schweißtreibende Mischung.

Ähm … der „An“-Knopf … ich weiß das.

Die Pros und Kontras von Papa-macht-das-Essen abwägen.

Sehr beschäftigt.

Danke, sehr hilfreich!

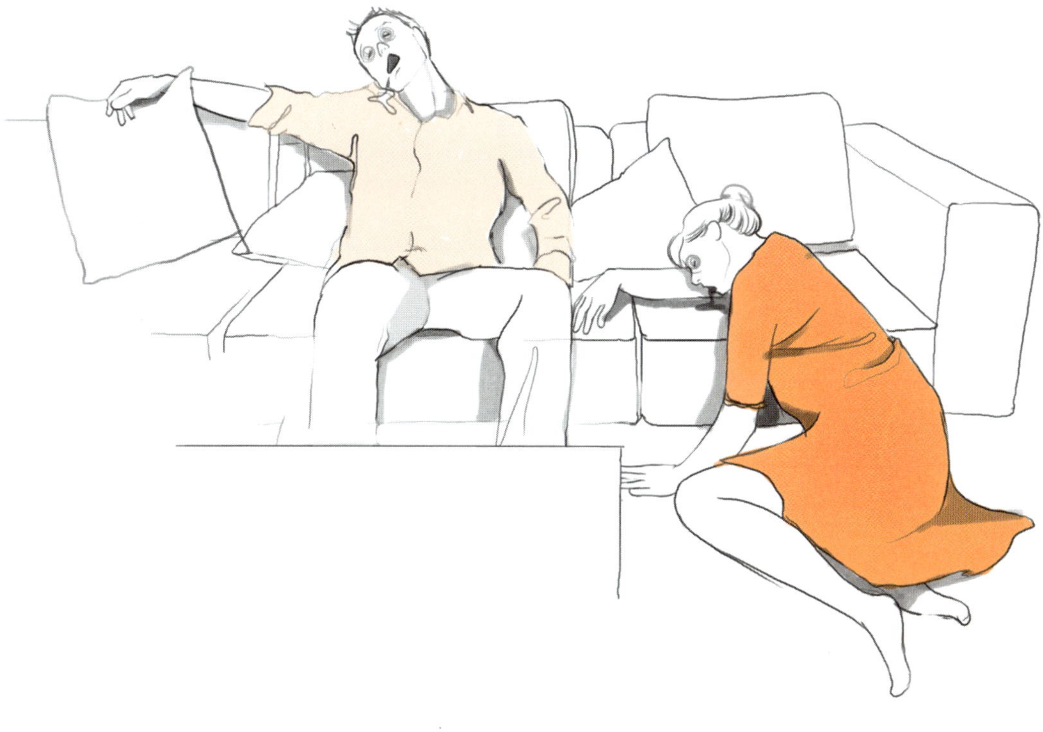

Romantischer Abend zu zweit.

Opas Fernbedienung.

Omas Brille.

Die obligatorische Bade-Frisur.

Super für's Selbstbewusstsein!

Ein Teelöffel, zwei, drei, sieben, fünf …

Keine Spur von Scham.

Zweiter Besuch beim Kinderarzt ... la la la.

Aaaggghhhhhh!

Ja, ich weiß, es ist dir zu klein, aber es war sehr teuer!

NICHTS ist interessanter als eine winzige Packung Rosinen.

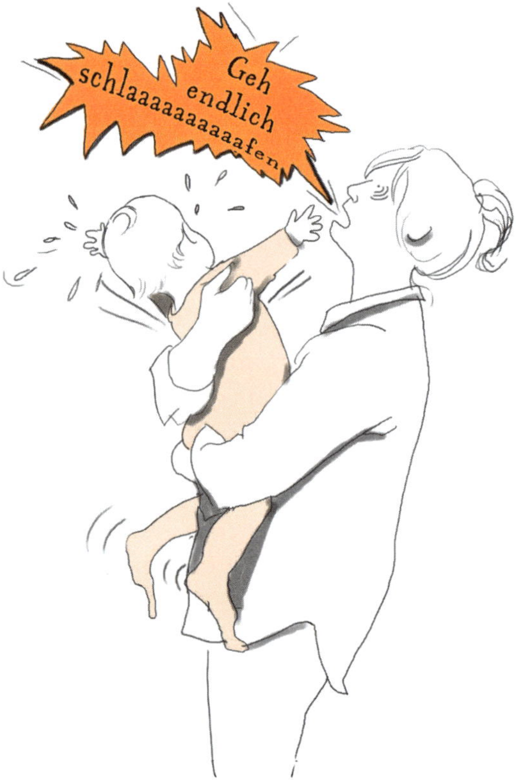

Eine Technik, die garantiert NIEMALS funktioniert.

Zwei Minuten bis zur Feier.

Ein Abend mit alten Freunden.

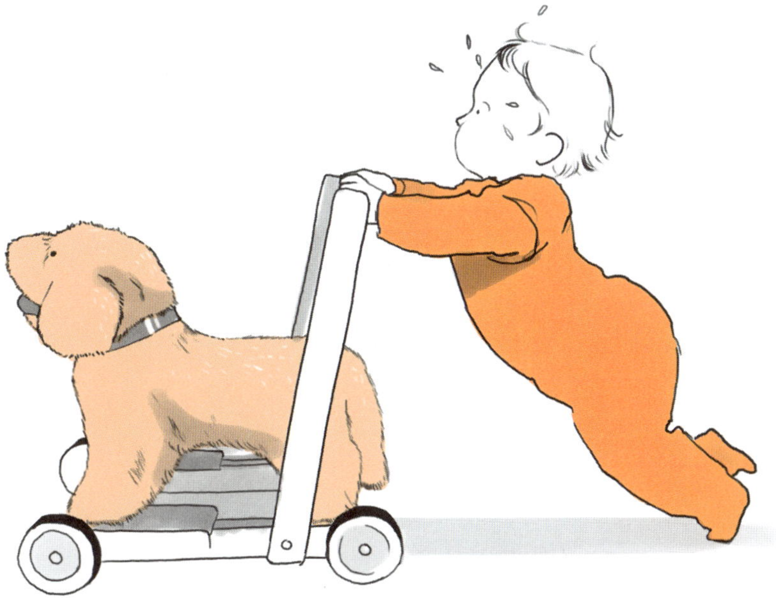

Achtung!!

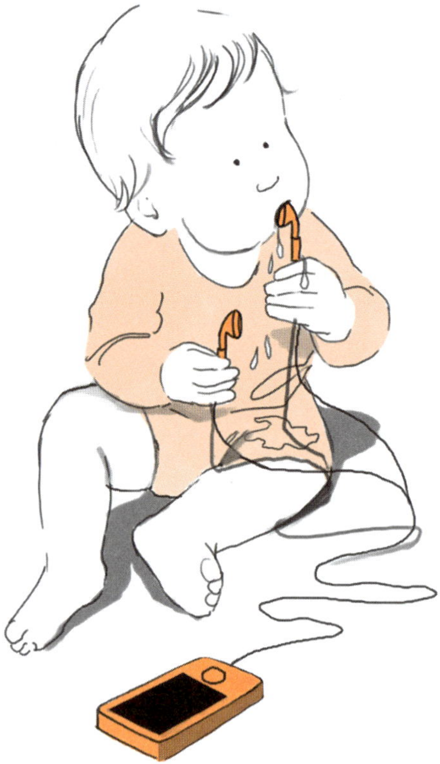

Und der Preis für die Mutter des Jahres geht an …

Heute gibt es keinen Schnappschuss.

Und der Rest des Tages gehört ganz allein dir …

Babys Porträt einer Mutter

Du selbst heute

Falls du gut aussiehst und dich gut fühlst, nutze die Zeit, die du für's Zeichnen gebraucht hättest, um dir selbst zu applaudieren.

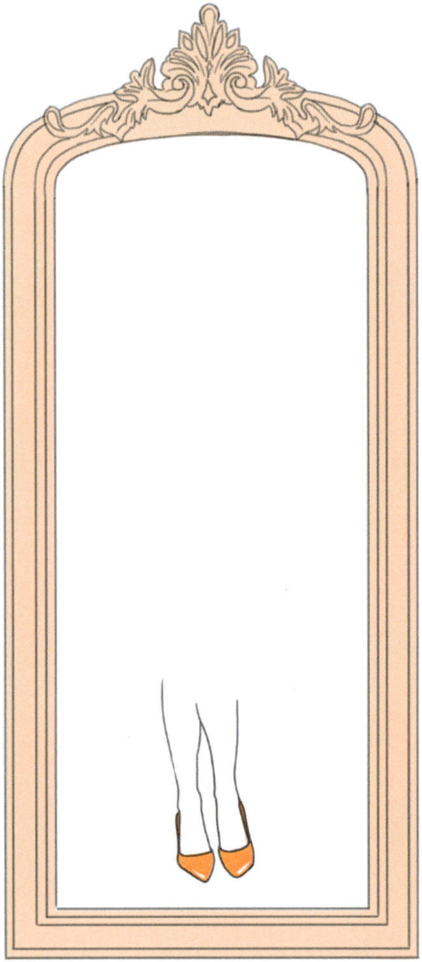

Du selbst in einem Jahr.

Deine Antwort …

Male Supermum!

Ein paar Vorschläge:

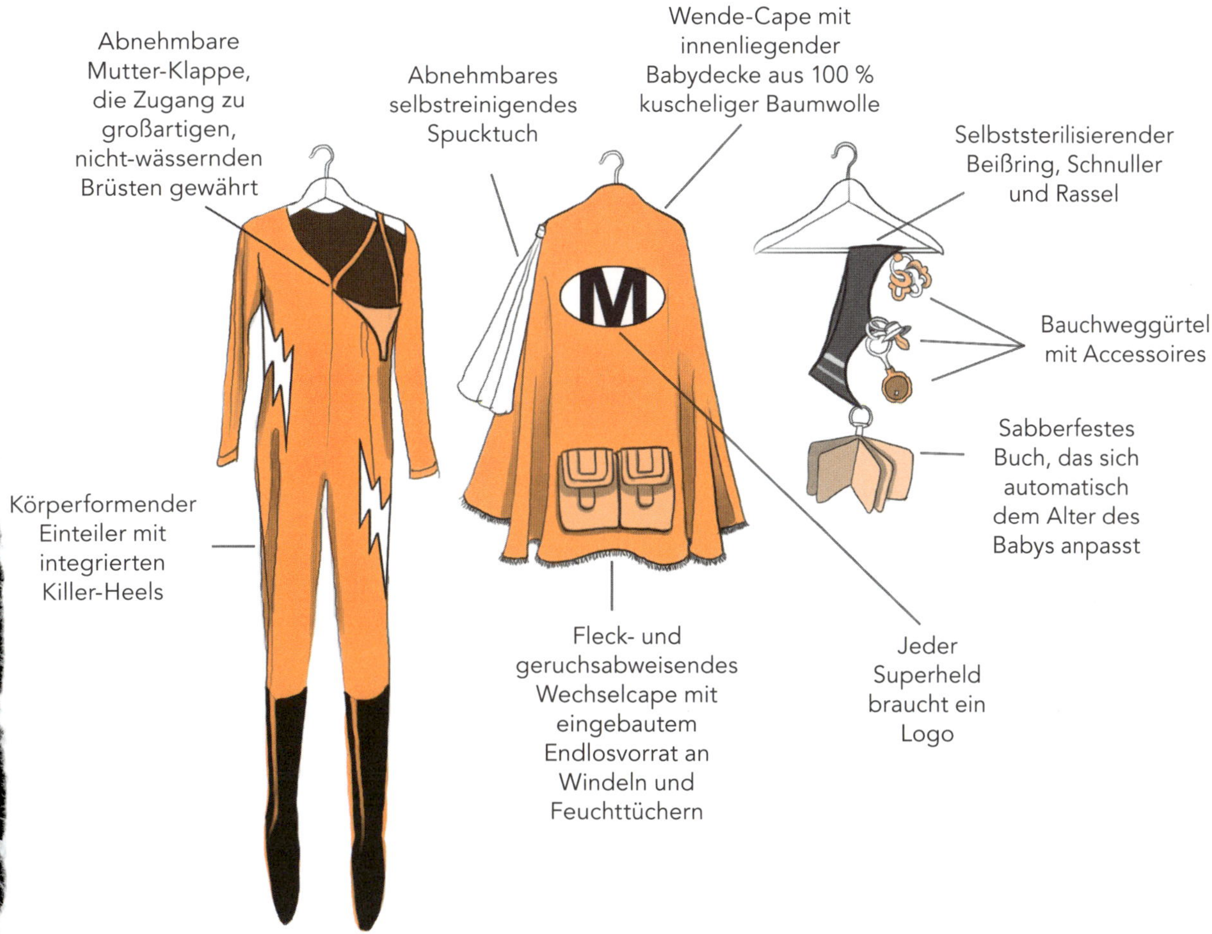

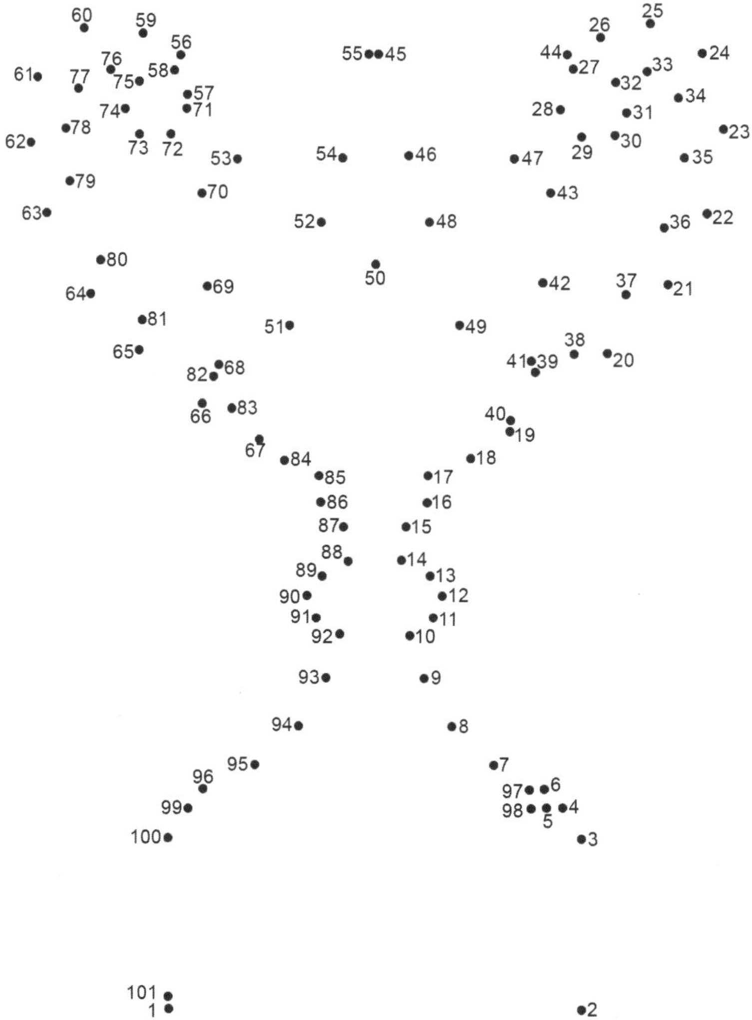

Du hast ihn verdient!

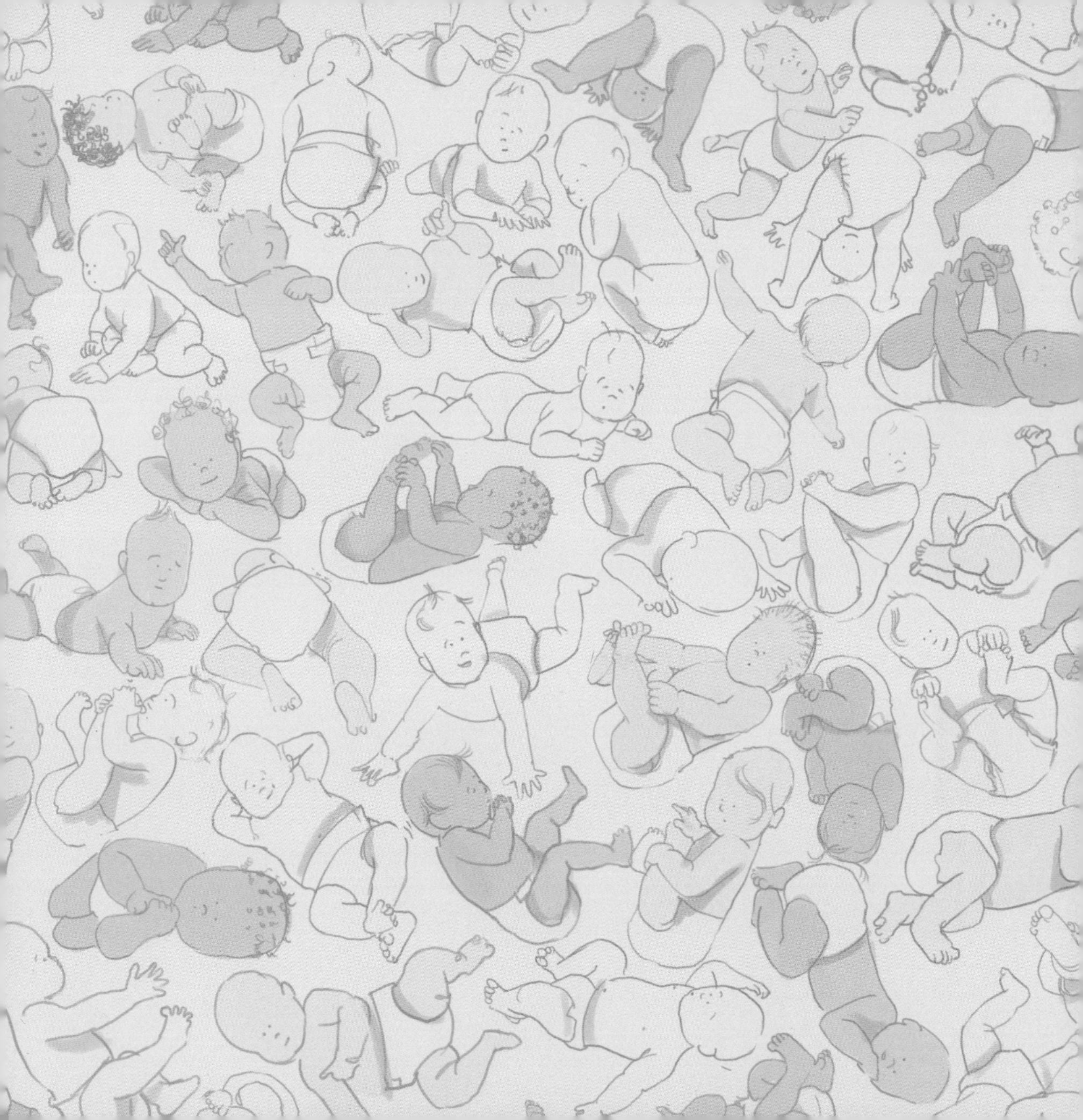